여행은 교육이다

여행은 교육이다

유인술 수필집

계간문예

| 발간사 |

  여행을 준비할 때는 기대감에 들뜨고, 할 때는 새로운 모습에 흥분되고, 돌아와서는 아쉽기도 하고, 오래되면 추억으로 되씹어 보는 즐거움이 많았다.
  호주 여행은 패키지여행과는 달리 가족을 만나고, 새로 태어날 손자를 만나러 간다는 기대와 흥분도 있었다. 약 3개월을 체류하면서 막내아들 가족과 더욱 깊은 정과 사랑으로 돈독해졌다.
  체류 기간이 좀 길어서인지 그 나라의 일부분이지만 많은 것을 보고 듣고 배우고 왔다. 한국보다 오래된 선진국이라서 그런지 국민의 의식 수준이 여유롭고 평화롭게 보였다.

"제일 좋았던 점이 무엇이었냐?"라고 묻는다면 "미세먼지 없이 하늘이 맑고 푸른 청정 지역 넓고 넓은 초원 목장 지대로 밤이면 하늘의 별들과 은하수는 정말 감동이었기에 잊을 수가 없다"라고 답하고 싶다. 또 국토는 넓고 인구가 적으니 어디를 가도 마음이 넓어지고 여유로웠다.

  이러한 기록을 남기는 이유라면, 자라는 손자 손녀 가족 모두가 '할아버지 할머니가 그때 호주에 오셔서 이렇게 보고 듣고 느끼고 가셨구나.'라는 말보다 기록물을 남기기 위해서다. 이번 《여행은 교육이다》를 출간하는 데는 우병택 교수님의 도움이 컸다. 이에 감사를 전하고 싶다. 또 지명地名이나 기억이 안 날 때 막내아들 형진이가 도와준 것을 고맙게 생각한다. 이 책자가 가족을 위해 또 여행을 좋아하시는 분들을 위해 가족사의 좌우명이 되었으면 하는 욕심도 내어본다.

  고맙습니다.

2024년 01월
범준 유인술

| 축사 |

　날이 밝으면 집에서는 TV로 소일하고, 밖에서는 친구들과 어울려 시간을 보내시는 분이 많은 것이 현재 노년의 대체적인 삶이다. 이러함에도 유인술 작가는 일터를 지키며 틈틈이 그림에 집중하신다. 그리고 짬을 내어 여행하고 그것을 이렇게 기록으로 남기시니 열 살도 더 어린 제가 존경하지 않을 수가 없다. 그런데 요즘 인기 있는 가수 김용임의 트로트 중 〈삶〉의 가사가 작가의 인생을 그대로 노래한 듯하여 여기에 소개한다.

가슴이 절절한 살아온 게 기억도 있고

눈물이 앞서는 사연도 있지

고단한 인생길 쓸쓸히 밟아 오면서

하루도 멍들지 않은 날 없었네

삶이라는 것 삶이라는 것

제 몫의 짐을 지고 가는 것

가슴이 아리는 이별의 기억도 있고

설움이 앞서는 사연도 있지

고단한 인생길 쓸쓸히 밟아 오면서

하루도 멍들지 않은 날 없었네

삶이라는 것 삶이라는 것

제 몫의 짐을 지고 가는 것

(후렴)

가시가 담긴 술일지라도

마셔야 하는 게 인생이야.

특히 〈삶〉의 가사 중 후렴에서 '가시가 담긴 술일지라도/ 마셔야 하는 게 인생이야.'라는 부분에서 몇 번을 감상하면서도 가슴이 시려왔다. 이번 이 작품을 시작으로 여생(餘生)을 1녀 3남의 효도(孝道)만 받으시며 넉넉한 삶을 사시며 남기고 싶은 이야기 많이 쓰시길 기도드린다.

3남 형진의 효심으로, 먼저 태어난 솔녀(손녀의 사투리) '하이'와 또 이번에 태어난 손자 '지태' 그리고 손주 둘을 필자께 선물한 화교(華僑)인 며느리의 효심에서 뚝뚝 꿀이 떨어지는 듯 단내가 난다. 팔순을 훌쩍 넘기시고도 〈여행은 교육이다〉를 내신 작가 범준 유인술 님의 열정에 박수갈채를 보낸다.

다시 한번 더 출판을 축하드립니다.
감사합니다.

2024년 1월
은문恩文 우병택

■ 차례

발간사 범준 유인술 • 4
축 사 은문 우병택 • 6

Ⅰ. 호주편

호주로의 여행 • 13
버난(BUNNAN)에서 • 16
대형마트 • 20
손자 지태 태어나다 • 22
어린이 존중&사랑 • 26
의식 수준 • 29
재활용 처리에 놀라다 • 31
한류 • 34
술 문화 • 37
쩐錢의 위력 • 40
시드니 문명 • 42
아들 며느리 자랑 • 44
배운 대로 실행하다 • 49

Ⅱ. 사색思索 단문短文 — 시詩

시드니 Bunnan • 52
모닥불 • 54
현대 자연인 • 56
석양과 달빛 • 58

Ⅲ. 추억 어린 순간 포착

풍요 가운데 슬픔이 • 63

내 집 • 65

저녁노을 • 67

무지개 • 69

샛별과 초승달 • 71

만월 • 73

모닥불 • 75

어린이 천국 • 77

어린이 배려 • 79

가로수 • 81

손자의 머리통 • 83

아들의 부정 • 85

미래의 발레리나 • 87

하이네 가족 • 89

단란한 가정 • 91

추천사 정종명 팔순 작가의 교육 오디세이아 • 92

I
호주편

호주로의 여행

 이 나이에 10시간 가까이 소요되는 비행기로 여행을 한다는 것이 건강이 걱정되었다. 계속해오던 운동(스트레칭)이지만 근력 단련을 위해 더욱 열심히 하며 아침이면 동녘 창문을 활짝 열고 전신 일광욕도 했다. 새로 태어날 손자 보러 간다는 기분에 반복적으로 피로도 모르고 열심히 했다.
 한국은 2월이면 봄을 맞이하는 철이지만 시드니 공항에 내리니 한여름 날씨였다. 수화물 픽업 대에서 집사람과 둘이서 우리 가방이 나타나기를 돌아가는 화물들 가운데 눈이 빠지도록 쳐다보고 있는데 몇 바퀴를 지나고서야 나타났다. 두 개를 찾아 출입구로 나가니 환영 인파들이 웅성거렸다.

막내아들 가족이 제일 먼저 눈에 들어왔다. 손녀딸 하이가 손을 흔들며 여기 있다는 신호를 보내주었다. 우리는 보고 싶던 가족들 막내아들 며느리를 만나니 가슴이 뭉클하게 벅찼다.

막내의 첫말이

"아버지 어머님 장거리 비행에 고생 많았습니다. 많이 피곤하시지요?"

라는 환영 인사를 받았다.
막내아들의 집은 시드니 공항에서 약 네 시간 정도를 승용차로 달려야 한다.

"피곤하신데 중간쯤 있는 호텔을 예약해 놓았으니 식사도 휴식도 1박하고 가시지요."

그러면서 7인승 밴으로 안내했다.
헌트 밸리(HUNTER VALLEY) 와인농장 지대에 있는 『H 부티

크』 호텔이었다. 단독 주택 식으로 단독 호텔이 멋이 있었다. 나는 손녀를(6살 하이) 안고 호텔 입구 정문에서 기념사진을 찍었다. 우리 내외는 여독을 풀고, 여유 있는 넓은 대지 위에 정원수도 나무껍질을 잘게 분쇄한 갈색을 곳곳에 깔아 놓은 운치를 감상하고 그곳을 떠났다.

다음날은 와인공장에 들러 와인 시식도 해 보았다. 식사는 넓은 평원에 있는 레스토랑 야외 식탁 파라솔 밑에서 양식으로 맛있게 배를 채우고 막내아들 집으로 출발했다. 높은 산도 안 보이고 끝없는 평원지대 목초로 평야를 덮고 있었다. 몇 시간을 달려가는데도 평화로운 풍광, 푸른 하늘, 진한 파랑 목초뿐이었다.

집 가까이 오니 아들이

"아버지, 저기 보이는 집은 땅 500평을 매입해서 임시로 건물을 지었습니다."라며 자랑했다.

버난(BUNNAN)에서

시드니에서 외곽에 있는 목장 지대로 개발이 안 된 푸른 초원이 잘 보존되어 있었다 한국이라면 분당이나 일산과 같은 신도시를 수십 개 조성하고도 남을 평야였다. 지난 역사로 영국의 원주민이 살았던 흔적이 지금도 조금은 남아 있었다. 집 위치나 전망이 명당이었다. 지대가 약간 높은 곳이라서 낮이나 밤이나 넓은 언덕들이 둘러싸여 아늑했다. 글을 쓰는 이 시간에도 그곳 산야가 머리를 시원하게 해 주고 있다.

석양의 일몰 광경은 붉은 구름 속으로 숨어 넘어가는 광경이 필설로 표현하기가 너무 부족하다. 시간이 조금 더 지나자 초승달과 샛별이 나란히 얼굴을 내민다. 밤에는 마당에 캥거루가 뛰어 지나가는 모습이 보였다. 아침이 되면 어릴 때 고향 마을에서 들었던 새 소리 호호호 깨이꼬…. 울음소리도…나는,

한국에서 하던 그대로 아침 태양 빛에 맑은 공기를 마시며 한적한 곳, 의자에 앉아 일광욕을 즐겼다. 야외의 가설 화장실도 땅을 파서 웅덩이를 파고 판자를 가로 세로로 놓고 큰 벽돌을 놓아 만들어 사용했다. 배설물은 하나도 버리지 않고 풀을 베어 층층이 넣고 발효되면 자연 유기농 퇴비를 만들어 채소 밑거름이나, 울타리 나무에 사용했다.

아들은 야외가설 화장실을 보고 아버지 5성급 호텔 화장실보다 더 좋다고 격려해 주었다. 울타리 정리로 흙에 박힌 돌을 빼내서 정리하며 들어보면 한국 돌과 무게가 달랐다. 완전히 쇳덩어리 무게였다. 모두 근처에 옛날 철광산이 있었음을 알려주는 증표였다. 옆 목장은 수십만 평이 넘는 목초지였다. 승마를 위한 목장이었다. 주인이 지나다가 음료수를 선물하는 인심에 감사했다.

매일 보는 광야의 풍광이지만 싫증이 나지 않았다. 360도

를 둘러봐도 푸른 평야 푸른 언덕만 보였다. 긴장성 만성 두통이 있어서 매일 캠핑용 의자의 그늘에 앉아 '긴장을 풀자고 힘을 빼자, 스트레스는 날리자!' 하는 말을 마음속으로 하는 것이 휴식의 일상이었다.

기후는 2월이 한여름(한국 7/8월) 날씨로 낮에는 너무나 더워 나무 그늘에서 캠핑 의자에 앉아 피하지 않으면 견뎌내기 어려웠다. 최고 섭씨 37도까지도 오르다가 밤이면 북풍의 영향인지 기온이 뚝 떨어져서 모닥불을 피워야만 했다. 유칼립투스, 코알라가 먹는 나무는 기름이 많은지 푸른 불빛이 나기도 하고 오래 탄다. 호주 산불 뉴스에서 10일간 진화 작업이 안 되고 있다는 문제가 비로소 이해되었다. 덕분에 그 기름진 숯불로 바비큐를 많이도 해 먹었다. 저녁마다 소고기 스테이크, 양갈비, 오리고기도 처음으로 많이 먹게 됐다.

술은 캔맥주나 와인 및 양주에 토닉워터 향에 취하기도 했다. 그렇지만 다소 문제점도 있었다. 폭염에 잠깐씩 울타리 작업하고 나서 흐르는 땀을 샤워할 수 있는 물을 풍부하게 쓸 수 없었다. 지하수가 없고 대형 물탱크에 배달되는 물

로는 비용이 부담됐기 때문이었다. 전기도 태양광으로 해결하니 풍족하게 사용하기가 어려웠다.

  밤 풍경은 그곳에서만 볼 수 있었다. 하늘에 소금을 뿌려놓은 듯이 빤짝이는 별꽃이 장관을 이뤘다. 어릴 때 보았던 은하수가 군락을 이루어 큰 강물처럼 흐르는 것 같기도 했다.

대형마트

마트는 스콘(scone)으로부터 차로 약 20분 정도 가면 호주 전국 체인점으로 된 『울워스(woolworths)』와 동일계열 『콜스(coles)』가 있다.

『울워스』(하이 아빠가 IT 업무로 전에 근무한 미국계의 유명한 유통회사)에 가족 모두가 식품 구매차로 들어가는데 입구에 영어로 'Free Fruit For Kids'라고 적어놓은 안내 팻말을 보고 느낀 점이 컸다. 어린이는 무료로 가져갈 수 있는 선물 코너가 특별하게 보였다. 바나나, 사과 등의 과일 종류였다. 우리 손녀 하이도 반갑게 하나 선택해서 즐겁게 먹는 모습을 보며 어린이를 존중하는 문화의 나라로구나! 하고 감동했다.

『콜스』에도 자주 갔다. 한번 식품을 사는 비용은 보통 한화로 30만~40만 원 선이었다. 육식을 많이 하는 국민임을, 각종 육식 재료가 끝이 보이지 않을 정도로 진열된 모습에서 알 수 있었다. 계산은 주로 자동 계산대였다. 호주산 쌀이 특이했다. 밥 먹고 돌아서면 배가 고플 정도로 소화가 아주 잘 됐다. 그래서 광주에서 자주 먹었던 돼지국밥 생각이 난다고 집사람에게도 말했다. 한국 가서 곱창전골과 김치 썰어 넣은 돼지국밥을 배불리 먹어야지 했다. 뼈를 곤 국물에 내장을 많이 넣고 겉절이김치를 송송 썰어 넣고 새우젓과 들깨 가루를 넣어서 먹으면 얼큰하고 푸짐하다. 땀 흘리며 먹고 나면 그 맛이야말로 정말 한국적인 맛이었다.

손자 지태 태어나다

산모의 안전을 위해 산부인과가 있는 먼 거리지만 메이트랜드(Mait Land)에 있는 국립병원을 예약해 놓았다. 그래서 예정일에 맞추어 가면서 뉴캐슬에서는 개인 주택 리조트를 세얻어 2박 3일로 쉬면서 해변 비치도 가서 가족이 재미있게 시간을 보냈다.

하이(6살)와 백사장에서 할아버지랑 달리기한 것이 추억에 남았다. 리조트 바로 옆에 어린이 놀이터가 있었는데 다양한 놀이기구가 많은 곳이었다. 역시 넓은 잔디밭에 어린이가 놀기에 아주 좋았다. 손녀 하이는 외지에서도 바로 친구 사귀는 소통 언어 실력이 보통이 아니었다. 또 어른 부부와도 영어로 소통해서 이곳에 온 이유를 이야기해서 의사전달 실력에 감동했다.

  우리 거처 하우스에 찾아와서 하이도 칭찬하고 인사하러 오기도 했다. 하이가 "코리아에서 할아버지 할머니가 내 동생 태어나면 도와주시러 오셨다."라고 모두 소통했다. 영어 실력에 나는 감탄했다. 동네 주위에 있는 커피숍이 오후 2시~3시가 되니 폐문하기에 이상해서 물어보니 '여기는 오전에 장사하고 오후는 개인 생활을 즐긴다'라고 했다. 치열하게 경쟁하는 한국과는 달랐다. 그들의 여유와 즐겁게 사는 모습이 부러웠다. '산모가 진통 예고가 있다.'라고 해서 급히 짐을 챙겨 메이트 랜드 국립병원(Mait Land Hospital)이 있는 예약한 조용한 주변에 있는 캠핑카 촌에 짐을 풀고 산모의 진통이 심해 올 때까지 긴장된 마음으로 모두가 대기하고 있었다.

  이튿날 아침에 집사람이 '며느리가 진통의 징조가 가까우니 빨리 병원을 가는 것이 좋을 것 같다.'라고 해서 승용차로 아들이 산모를 급히 이송했다. 그날 오후 4시쯤 무사히 해산했다고 연락이 왔다.

"딸이냐, 아들이냐?"

 다급하게 물으니 예상한 대로 아들이라고 하는 말에 한국에서 딸 며느리 엄마(안사돈)가 '태몽이 아들일 거다.'라고 하시더니 '진짜 맞았구나.'하며 조물주께 감사 기도가 절로 나왔다. '한국은 산모 면회는 며칠 지나야 하는데 호주는 바로 당일에도 해도 된다.'라고 해서 바로 방문하니 산모도 아주 건강하고 머리통이 잘생긴 손자 녀석이 벌써 할아버지를 응시하듯 똘망 똘망하게 쳐다보는 듯했다. 산부인과 산모가 입원해 있는 병동이 4층 전체를 사용하는데 한국 분당서울대병원보다 규모나 시설이 더 좋은 것 같았다. 한국에서는 아기 낳고 찬물사용이나 선풍기 에어컨 사용하면 몸에 부종 온다고 절대금물인데 호주에는 바로 샤워도 음식도 미역국 없이 제공했다.
 호주 캠핑마을은 캠핑카들이 수십 대가 장기간 정차하며 1박 혹은 2박 하는 사람보다 더 많았다. 이곳을 떠나 그동안 못 먹었던 한국 음식을 '산모가 먹고 싶다.'라고 해서 미리 알아둔 한국음식점을 찾아갔다. 주인이 아주 인상이 좋은

두 자매가 운영하고 있었다. 음식도 주인 인상처럼 맛있게 먹고 왔다. 집사람은 '갓난아기를 데리고 다니면 절대로 안 된다.'라고 '집에 빨리 가자.'라고 야단을 쳤다.

집에 도착하자 한국에서 준비해온 미역국부터 끓여 산모에게 주니 맛있다고 할머니께 인사를 했다.

어린이 존중&사랑

스콘콜스 마트에서 식품을 사고 승용차로 집에 가려고 아들이 자동차 시동을 걸려고 하는데 반복으로 몇 번을 해도 이상하게 걸리지 않았다. 아기 둘을 안고 당황하고 있는 모습을 본 호주 시민이 '카센터를 불러도 시간이 많이 지체되니까 자기 차로 우리 집까지(차로 30분 거리) 모시겠다.'라고 선뜻 자원하는 모습과 마음씨에 우리는 너무 감동받아 어쩔 줄 몰랐다. 동승해 오면서 자기도 자녀가 6명이나 된다고 자랑했다. 깜짝 놀라니까 아들이 하는 말이 시드니에 사는 가까운 한 친구도 연년생으로 6명을 출산해서 건강하게 자라고 행복하다고 했다. 나는 호주는 모두는 아니지만, 자녀 사랑으로 다자녀를 출산한다면 인구절벽으로 국가적 문제는 없지 않을까 생각도 해 보았다.

우리 집에 도착해서 고맙고 또 감사했다고 인사를 하며 기름값이라도 드리려고 하니 극구 사양해서 말로만 인사를 하게 됐다. 어린이를 존중하고 사랑하는 국가와 국민임을 놀이터 규모나 시설을 보고 놀랐다. 어린이를 보호하기 위한 교통 법규나 표시는 말할 것도 없이 철저하게 되어 있었다.

어느 도시나 소도시 마을에도 넓은 잔디밭에 마음껏 뛰고 놀도록 여러 가지 한국에서는 볼 수 없는 다양한 놀이기구가 있었다. 뉴 케슬(New Castle)에서다. 심지어 애완견(반려견) 놀이터에도 잔디밭이 수백 평이 있으며 그곳에서 훈련도 시킨다고 했다. 호주 주민들도 개를 얼마나 사랑하는지 그 모습을 보고 왔다. 앞에서도 이야기했지만, 마트나 개인 점포에서도 꼭 어린이에게 주려고 초콜릿 과자 한 개라도 주려고 준비했다가 나올 때 주는 모습에서 감동했다.

우체국에서도 어린이 여권 사진도 촬영해 주며 여권 수속을 직접 해 주었다. 지태가 외갓집 방문을 위해 도움을 받게 되었다. 우체국이 민영인지는 몰라도 가정용 소형 가전제품

부터 필수품이 한국 동네 마트보다도 잘 정돈 진열되어 있었다.

하루는 아들이 '태양광 설치에 필요한 공구를 구하러 좀 먼 곳으로 공구상에 간다'라고 해서 나도 동행했다. 공구상이 한국 이마트 이상으로 넓고 다양했다. 가정용 농업용 공장설비용 등 정말 만물상이었다. 여기에도 어린이를 위해 한쪽 코너에 놀이터를 마련해 놓았다. 요즘에는 한국에도 대형식당에 가면 간혹 작지만 볼 수 있는 광경이었다.

'나도 한국에 가면 실천해야지'하면서 안경원 선물 바구니에 더 예쁜 것들 많이 준비하며 유모차에 탄 아기를 보면 착하고 예쁘다고 칭찬하면서 적지만 현금을 전하며 인사하기도 하게 되었다.

의식 수준

　남의 눈치, 혹은 체면 등에 구애받지 않고 사고방식이 개방적이고 자유로웠다. 대형 쇼핑몰에서 바라본 풍경이 너무 개인주의로 자유분방했다. 일례로서 150 Kg 이상으로 보이는 비만 아줌마들이 활보하고 다니며 수영복 요가복을 입은 아가씨들이 그룹으로 다니는 모습을 보기도 했다. 피부색이 다른 우리 동양인을 보고도 눈빛 미소로 인사하며 손 흔들며 환영하는 모습도 있었다. 도심 거리에 노래방이나 마사지 업소도 볼 수 없었다.
　주정차나 혼잡한 장소에서 양보하는 배려심도 대단했다. 마을 입구에 백색 냉장고가 몇 곳에 있는 것을 보고 아들에게 '왜 냉장고가 있느냐?'라고 물었더니 동네 사람들이 집에서 다 읽어본 책은 다른 사람들이 볼 수 있도록 진열해 둔다고 했다. 비가 내려도 안전한 장소니까
 참 좋은 아이디어구나 했다.

재활용 처리에 놀라다

　페트병이나 유리병을 모아 두었다가 한꺼번에 수거하는 설치장소를 보고 한국에도 똑같이 했으면 하는 욕심이 났다. 설치 구조는 속은 보이지 않고 두 구멍이 있는데 유리병 넣는 곳 페트병 넣는 곳에 밀어 넣으면 숫자가 뜨고 마치면 마트에 가서 상품을 살 수 있는 쿠폰이 자동으로 나왔다. 한 개에 100원 계산으로 10만 원 정도 쿠폰을 받기도 해봤다고 말했다.
　위에서 말한대로 나무와 잔디를 사랑하는 나라임이 이웃집 잔디가 너무 자라도 깎기를 안 하면 간섭해도 사생활 잔소리로 듣지 않고 고맙게 받아들인다고 했다.

관광지나 유원지를 가보면 한국처럼 맛집이나 식당 간판을 볼 수 없었다. 국가 정책도 도로변에 쉬었다 주차하고 가도록 캠핑카가 1박 정도 할 수 있는 장소도 마련되어 있었다. '하루 가족 관광 겸 휴식으로 유명하다.'고하는 『글레본』강변 캠핑 촌을 방문했다. 강변에 수십 개 수백 개의 캠핑차와 캠핑하는 사람들을 볼 수 있었다. 몇몇 사람들은 자동차 위에 2층으로 텐트 치고 캠핑하는 모습을 보며 우리도 좋은 산책을 하며 강물에 세수도 하며 강물을 보니 너무 맑고 깨끗해서 생각 같아서는 몸도 물에 담그고 싶었다.

일상화된 생활이라고 말했다. 그래서인지 아들네도 캠핑 도구가 창고에 여러 개의 조립식 의자 바베큐 화로 등 모두 준비되어 있었다. 고속도로 쉼터는 도로에서 몇백 미터 들어가니 소공원처럼 잔디밭에 잘 정리되어 있었다. 화장실도 깨끗하고 심지어 간이 커피숍도 있어서 가족 모두가 아메리카노를 한 잔씩하고 편히 쉬고 온 기억이 새롭다.

위에서 내용 읽어보면 호주는 지상천국으로 생각할 수도 있겠지만 사람들이 너무 여유가 많아 게으름도 보였다. 예로 우리 집 건너편 간선도로 포장 공사를 하는데 한국 같았으면 며칠 만에 끝날 일인데 짧은 거리를 1개월 넘어도 완공 못하고 밤마다 LED로 위험 신호를 표시하고 있었다. 대중교통을 볼 수 없었다. 시외버스도 안 보이고 시내에서도 대중교통을 보기가 힘들었다. 한국은 사통팔달로 대중교통 순환도로 거미줄처럼 연결되는 지하철 등…. 자가용 없어도 활동할 수 있지만 호주에는 어려워 보였다. 물론 국토가 워낙 넓어서라고 이해는 했다.

한국에서는 1950~1960년대 보았던 나무로 된 (한국은 콘크리트) 전봇대가 아직도 많이 보였다. '선진 공업국이면서 왜?' 하는 의문이 생겼다. 검소해서인지 전자 제품도 세탁기 냉장고가 아주 구형을 사용하고 있었다. 대도시 소도시나 건물의 디자인에는 크게 신경 쓰지 않는가 생각했다. 물론 옛것을 지키고 보존하는 의미도 있는 듯했다. 영국식 건물 백화점을 보면서….

개인 주택도 땅은 넓은 나라에서 큰 저택보다 소형 비둘기 (지붕이 낮은 집) 집들이 대부분이었다.

한류

한류의 영향이나 유행은 깊은 조사나 깊이는 알 수 없었다. 한국 사람들의 이야기에 의하면 한국 아이돌 노래 BTS K팝도 인기를 알 수 있다고 했다. MZ세대들에게는 큰 호응을 받고 한국 드라마도 인기가 있다고 했다. 대형 쇼핑몰 내에 한국식 마트에 『권 마트』라는 상호를 보고 들어 가보니 호주의 원주민들이 주 고객이었다. 라면부터 소주까지 없는 것 없이 한국 식자재 마트와도 같았다. 한국인이 하는 식당의 음식도 먹고 싶어서였지만, 호주인들의 호감도를 보기 위해 몇 곳을 더 일부러 방문해서 한국의 전통 음식들을 주문하여 먹으며 주위 사람들을 보니 대부분 호주인이었다. 한국인이 체인점으로 운영하는 냉면점에도 가서 먹어봤다.

여기에서는 한국인 음식도 좋은 반응이 있지만 아직은 태국 볶은 밥, 말레이시아, 중국음식점들이 규모가 크게 운영되고 있었다. 스콘에 사시는 한국인이 우리 가족을 초대해 주셔서 한국식 식사 요리를 대접받았다. 알고 인연이 된 것이 재미있었다. '아들이 하루 시내에 볼일이 있어 며느리와 함께 걸어가고 있는데 뒤에서 보아도 동양인 같아서 "실례지만 혹시 한국에서 오신 분 아니세요?"라고 물으니, "맞아요! 어떻게 알 수 있었냐?"하기에 "뒷모습에서도 달라 보여서 여쭤보았다고…." 반갑게 인사를 하고 바로 집으로 초대해 주어, 방문해서 고국의 이야기 호주에 오신 이야기부터 듣게 되었다고 했다.

현재 직업은 모 대기업에서 용접 전문 기사로서 팀장으로 일하고 있다며 15년 가까이 호주 생활하고 있는데도 영어 소통을 아직도 못하고 있지만 아무런 차별 대우 없이 잘 지낸다고 했다. 주택도 회사에서 제공해 주었다고 했다.

아들 가족과는 종종 만나 서로 집 방문도 하고 친밀하게 지내고 있었다. 현대 기아 자동차는 세계시장을 누비고 있었다. 판매점 AS 센터들이 아주 잘 보이는 장소에서 광고하고 있었다.

도로에서도 자주 볼 수 있지만 큰 마트나 공공장소 주차장에서도 쉽게 많이 보면서 한국의 국력, 국격을 다시 한번 자긍심을 가지게 되었다. 아들 이야기에 인도네시아에서 직접 본 일인데 BTS의 팀 개인의 생일을 축하한다고 젊은이들이 많이 모여 벽에다 사진 포스터를 붙여두고 그 앞에서 노래와 춤추며 축하 파티 하는 모습에 놀란 일이 있었다고도 했다.

술 문화

엄격하면서도 관대했다. 술을 판매하는 주점에서도 술에 취해 있으면 옆방에서 술이 깰 때까지 대기했다가 와야 술을 마실 수 있다고 했다. 낮에 시내에서 술을 보이게 들고 다니면 경찰이 단속하며 벌금형도, 또 밤 10시 이후에는 술을 판매하지 않는다고 했다. 한국도 술 문화를 바꿀 필요가 있겠다고 생각도 해봤다. 그러나 관대함은 간선도로변에 휴식 장소에서는 비어홀이 있어 캔 맥주 한 개 정도는 먹고 쉴 수도 있는 공간도 보았다. 한국은 대형마트에 가면 모든 주류를 마음대로 구매할 수 있지만 주류 판매 장소가 별도로 대형으로 맥주, 양주, 와인을 엄청나게 많이 구비하고 있었다.

'18세 이하는 판매를 금함'이란 안내판을 보았다. 음주 운전도 운전면허 1, 2, 3급에 따라 3급이면 캔 맥주 한 캔 정도는 허용한다고 했다. 이웃에 「랜드로바」 자동차 수집가 아저씨가 차에서 내리시며 손에 캔 맥주를 들고 내리기에 깜짝 놀라서 물어보니 '3급 운전면허를 가지고 있기 때문'이라고 했다.

이분이 자동차를 옛날 오래된 골동품을 수집해서 넓은 창고에서 수작업으로 고치고 칠하며 새 차처럼 만들고 있는 현장 집을 방문하는 기회도 있었다. '여름 기후가 30도를 보통 넘으니 더위와 갈증 해소로 캔은 한 상자 정도 준비해 둔다.'라고 했다. 〈토닉워터〉 사용은 처음 칵테일 해서 먹어보니 향이 좋아서 한국에 와서도 습관이 되었다. 약 1 Km 넘어가면 아들과 가까이 지내는 이웃이 있다. 주인인 아저씨가 계셨다. 전직이 일류 정원사였음을 여실히 보여 주었다. 약 천 평이 넘는 잔디밭은 오래 되였음을 실감 나게 했다. 맨발로 걸어 다니는데 양탄자를 깔아 놓은 스펀지처럼 푹신푹신했다. 정원수도 아주 다양했지만 잔디밭 한가운데를 흘러 지나가는 실개울은 인공으로는 만들 수 없는 명작이었다. 아름다운 조류 세계 각국의 닭들이 울안에서 놀고 있는 모습이 너무 평화로웠다. 특별한 시설이 있었다. 개인 집에 피자 굽는 돔이 있는 것은 처음 보았다. 수영장도 있어 우리 손녀 하이가 신나게 물놀이도 했으며 이 집에서 이웃과 우리 가족을 초대해 파티도 했다.

집 울타리도 집안을 다 볼 수 있는 간단한 나무판자로 되어 있었다. 지금도 마음을 평화롭고 편안하게 해 주었던 풍광을 그립게 해 주고 있다. 호주인의 생활 여유 대부분 집에는 캠핑카와 승용차를 가지고 있으며 퇴임 후에는 퇴직연금으로 생활하며 전국의 명승지를 캠핑카로 일주 순회하며 시간을 보낸다고 했다.

쩐錢의 위력

쩐의 위력은 어느 나라나 어디에서도 볼 수 있다. 비행기를 타도 비싼 비즈니스 석은 넓은 공간에서 잠도 잘 수 있고 이코노미 석은 비좁아서 장거리 여행 때는 고통이다. 이는 엄청 격차가 크다. 호텔에서도 값이 큰 스위트룸과 일반 객실은 넓이부터 침대 식사까지 차등이 심하다.

아들이 오늘은 맛있는 양식으로 식사하자며 특별한 곳을 안내했다. 고급 레스토랑인데 들어가는 입구에 안내판에 사진으로 어떤 복장하고 출입할 수 없다고 보여 주고 있었다. 그날 하필이면 아들만 허술한 T셔츠를 입고 갔다. 검색에 걸릴 수 있기에 다시 밖에 나가 옷을 새로 사 입고 출입할 수 있었다. 분위기가 특별했다. 밖에는 잔디밭에 넓은 볼링장에 볼링을 치고 있었다. 우리는 구경만 하고 식사는 특별 메뉴로 별식을 하고 왔다.

  쩐의 위력 때문에 지구상 모든 나라 모든 사람이 쩐을 위해 전쟁하고 있다는 생각이 들었다.

시드니 문명

'시드니' 하면 초등학교 때 세계 3대 미항에 들어간다고 배운 기억이 남아 있다. 대표적으로 '오페라 하우스'와 가장 오래된 '안 브리지'철교가 유명하며 시내 번화가에도 영국식 예술 조각으로 설계된 건물들이 현대식 빌딩으로 재건축 안 되고 잘 보존되어 빛내고 있었다. 백화점은 아직도 영국식 풍으로 외부 내부도 보여 주고 있다. 바로 입구에 '빅토리아 여왕'의 동상이 웅장한 높이와 크기로 명소로 남아 있었다. 우리 가족도 동상을 배경으로 기념사진 남기기에 바빴다.

바닷가에 보면 호화 가족용 백색 보트가 나란히 정박 되어 있는 모습을 보며 호주의 국민 생활수준을 알게 해주었다. 대중교통 수단으로 아직도 지상 전차 (객차 2칸)도 볼 수 있었다.

아들 며느리 자랑

아들은 하이 엄마가 하는 계획과 모든 일에 동의 동감해 협조해서 시드니에서 버난으로 이사도 오게 되었다고 칭찬했다. 하이 엄마는 하이 아빠가 이사하면서 장거리 장시간 야간에도 이삿짐 운송한다고 고생이 너무 많았다고 서로가 칭찬뿐이었다. 그러니 부부싸움이나 다투는 모습을 몇 달간 있으면서도 볼 수 없었다. 부모 된 우리가 아들 며느리에게서 부부 화친법을 도리어 배우고 왔다.

아들이 유학을 마치고 취업은 배운 전공을 따라 호주 시드니에 있은 외국 IT 계열 회사에 입사했다고 소식 온 지가 몇 년이 안 되어 결혼해야겠다고 국제전화로 연락이 왔다. (2017년) '몇 명과 만남이 있었는데 마지막 아가씨가 마음에 있어 부모님께 상의하고 싶다'라고 하면서 '현재는 호주에서 생활하지만, 조상분들은 중국이고 부모님은 인도네시아 바탐에 살고 계신다.'라고 하면서 '어머니, 아버지 어떻게 생각하세요?'할 때 걱정이 많았다. 먼저 TV에서 본 '고부 열전'이 생각이 나서 망설였다. 결혼은 자기 인생 최대의 결정인데 부모가 걸정해 줄 수 없기에 너만 좋아한다면 결정하라고 한 것이 돌이켜보니 참 아주 잘했다는 생각이 들었다.

아들은 내가 금전적으로 도와주려면 "내가 자립으로 성공해야지 막으면 나쁜 아들 되고 아버지도 나쁜 아버지가 될 수 있다"고 항상 반대한다.

용역 기술자 없이 IT 기술을 사용해서 설계 도면을 보면서 더운 날씨에 창고 안에서 밧데리에 충전(ESS)을 성공시키고야 마는 끈질긴 노력에 우리 부부는 어릴 때 이야기를 하게 됐다.

어릴 때 내가 조립용 장난감을 선물하면 밤새워 입술이

부르터지도록 하던 끈기를 다시 보게 된다. 행동이나 말도 건강을 걱정하며 오늘은 "컨디션이 어떠세요?" 하는 인사가 하루 중 제일 먼저 물어보는 인사다. 지난번에 한국 왔을 때 함께 점심 먹으러 간 식당 사장님이 아들 칭찬을 이렇게 말했다.

"아드님이 아버지를 쳐다보는 눈빛에서 꿀이 뚝뚝 떨어지는 것 같았습니다."

라고 극찬했다. 며느리도 한국에 이번에도 몇 달 동안 비좁은 우리 집에 와서 함께 생활하면서도 한 번도 불평불만이나 그런 표정을 볼 수 없었다.

며느리 친정집은 도우미 2명 방까지 열 개가 넘는 방을 사용하는 것을 아들 결혼식 때 직접 가서 보았기에 알고 있다. 부자 동네(타운)라고 출입 시에 무장 경비가 초소에서 근무하는 모습에 너무 놀랐다. 집 안 거실 피아노 위 벽에 며느리가 싱가포르에 있는 대학 졸업 기념사진도 봤다. 우리 부부가 부르면 "예"하고 대답만 해도 되는데 꼭 "예 어머님" "예

아버님"이라고 겸손하게 대답하는 모습에 요즘 사람이 아닌 예의 바름에 행복했다.

철저한 손녀 손자 교육

저녁에는 자기 전에 "할머니 할아버지 안녕히 주무세요?"라고 인사하도록 꼭 가르치고 잠자도록 했다. 우리도 "굿 나잇"하며 인사한다. 자고 나면 또 "굿모닝" 문안 인사도 매일이다. 모든 예의 교육이 중국 "차우지우 민족"이 내려온 전통으로 생각되었다.

손자 손녀 자랑

옛 어른들 말씀에 '손자 손녀 자랑은 돈을 내고 주면서 하라'는 말이 있다. 내 새끼 자식들 키울 때는 귀여운 강렬함은 없이 의무적 사랑으로 살기 바빠서 키우며 살았는데 손자는 그것이 아니다. 너무 귀엽고 사랑스러워서 눈에 넣어도 아프지 않을 정도라는 말이 이해될 정도다. 이제 8개월 된 손자 지태의 웃는 모습에서 온몸이 녹아내리는 듯 행복감이 든다.

손자 지태의 머리통

옛 대인의 모습처럼 무게 있는 인상을 보는 것 같아서 저 큰 머리통(사진)에 무슨 지혜가 얼마나 들어 있을까? 하며 볼 때마다 생각이 든다. 손녀 하이는 영특함이 줄줄이 6살짜리가 벌써 수영, 피아노, 발레리나 공부도 한다! 엄마가 인터넷 직거래 쇼핑 패션모델 촬영도 그렇게 예쁘게 폼 잡다니! 눈치 9단이라고 말했다. 무엇을 가져오라고 말하기도 전에 미리 어떻게 알고 가져다주는 일이 몇 번 있었기에! 손자 손녀가 출국(12월 2일)하고 나니 집에 사람도 안 사는 것같이 너무 조용하고 허전했다.

배운 대로 실행하다

나무와 잔디를 사랑하는 모습대로 나도 호주에서 4월에 귀국해서 먼저 울타리 사철나무 전지하고 텃밭 한쪽에 자연 잔디를 심고 한쪽 벽에는 내가 그린 그림과 시 한 편도 액자에 넣어 걸었다. 집은 작아도 동네에서 그림과 시가 있는 집은 우리 집뿐이다.

이층에도 자연 대신 인조 잔디 깔고 황금편백 10그루도 화분에 심고 물주는 일이 일상이 되었다. 태양광은 조명전기 전문점에 가서 자동용 등불을 구해서 밤이면 불편했던 이층 올라오는 철 계단에 몇 개를 설치해서 태양 에너지로 밝게 잘 사용하고 있다.

캠핑 도구도 세트로 구해서 주차장에서 가족 바비큐 파티도 몇 번씩하고 또 안경원 가족도 초대해서 양갈비 바베큐 파티도 했다.

다음에는 가까이 지내는 지인들도 초대할 계획이다.

II
사색思索 단문短文
― 시詩

시드니 Bunnan

끝없이 광활한 평원 평야 지대
소 목장들이 이렇게나 많은 걸 보면
소 고기만 먹고 사나 보다

논밭은 보이지 않고
경주용 말 목장 위
청명한 푸르디푸른 창공
붉게 불타는 석양 조명
비 내리면 무지개가 눈앞에서 펼쳐진다

밤에는 쏟아질 듯 무수한 별꽃도, 은하수
물은 대용량 물탱크 저장해서(배달)
전기는 태양광으로
미등도 매한가지
캥거루가 마당에서 뛰어다니고

대형 마트가 작은 동네에도 한 곳씩은 있고

자동차는 한 집에 두 대 이상이요

케라밴 (여행용 캠핑용 이동 주택)도

집집에 한 대씩인데

한국 현대 기아차도 멋을 부린다!

한국의 국격, 국력이 이만하면 가슴 펼만하지

사방의 산야, 자연의 풍광을 보면 마음이 평온해지고 부드러워지며 졸린다. 긴장된 마음이 풀리고 온몸에 힘이 빠져나가며 스트레스는 날아가고서

    지병도 모두 날렸으면 얼마나 좋을까

이곳이 파라다이스가 아닐까?

2023년 2월 12일

호주 버난에서

모닥불

캄캄한 밤에
불빛이라고는 모닥불밖에 없는데
유칼립투스 잔가지 위에
주저 껍질 놓고 통나무 올려놓으면
기름진 나무에서 파란 불꽃이 오른다

마지막 숯불에 통닭
바비큐를 두어 번이나 했고
껍질 고기에 나무 향이
소스(source) 맛에 찬사가 절로 나온다
부자 모자간 도란도란하니
적막강산은 아니라 여기가 별천지일세

건너편 간선도로에는
간혹 소 운반하는 2층으로 된
큰 트럭이 불빛을 외로운 이에게 비춰주네

십 리에 한 집씩 숲속에 숨어있는 집에서
희미한 불빛이 세 집에서 가물가물하고
하늘에는 먹구름에서
번갯불이 보일 때도
보낙불은 인 던 부분에 나무를 밀어 넣으면
밤 10시까지 혼자서 잘도 타네

2023년 3월 28일

호주 버난에서

현대 자연인

산골이 아닌 평야
사방을 둘러봐도
야산으로 대분지가
어제는 양고기 갈비
오늘은 소고기 스테이크

마트에서 식품 구하는 일과
서쪽으로 넘어가는 금성(샛별) 보며
반세기의 스트레스
반세기의 긴장감도 훅 날아가네

모닥불(유칼립투스) 기름진 불꽃이 밤을
광야는 암흑세계요 광야는 적막강산이라
무슨 외계 외성이 아닐까

모두를 날려 보내고 훌훌 털고 투쟁의

세상으로 가야만 인공위성 인터넷만

TV도 인터넷으로

유일한 세상과의 소통 수단이 되네

                                                2023년 3월 3일

                                                적막한 버난에서

석양과 달빛

석양의 색상이 시시각각
변화의 무상함이라
다양한 모습의 색상을
캔버스에 담을 수가 있을까

조금 지나면
반대편에서 둥근달이
광야를 골고루 비추니
달빛에 뿌옇게 반사되어
흐려도 다 볼 수가 있구나

달빛에 사물의 그림자도
키 큰 나무의 그림자가
선명이 나타난다

적막강산 광야에

간혹 라이트를 밝게 비추는

소 운반 화물차(2층 기차 한 칸)

지나가면 불빛을 구경한다

밤바람은

언제 땡볕이 있었냐는 듯이

시원하게 잠들게 하는구나

                                          2023년 3월 7일

                                          시드니 버난에서

III
추억 어린 순간 포착

풍요 가운데 슬픔이

청명한 하늘을
한가로이 나는 양떼구름
배불리 먹일 녹색의 초원
갈라진 내 조국이 떠올라
눈물 나누나

내 집

정원에 고랑 파고 맑은 물 흐르네
자잘한 자손 몇이 물장구로 매미
노래로 노년의 어둔 내 귀 씻기우고
어허라 서울 꿈 퍼뜩 깨네
허참, 부러우면 지는 건데

저녁노을

하루의 끝자락에서
마지막 그림을 저렇게
그려놓는구나
그래서
곱고 아름답구나

무지개

한반도에서 평생 보아온
네가 타국 만리까지
따라왔나보다
아,
장엄하기도 하여라

샛별과 초승달

해진 뒤 천상의 주인,
수 만 리 타향에서
저리도 다정하구나
돛대도 아니 달고
삿대도 없이〰

만월

한 폭의 유화가
이토록 커다란 무게로 가슴에 와 담길까
혼자 즐기기 아까워 다정한 친구들과 함께
감상하고 싶어라

모닥불

곁불로도 추위를 몰아냈던
어린 시절의 추억!
군고구마로 온 가족이 연명했던
서글픈 내 삶의 역사!
어째서 그때가 그리울까

어린이 천국

풍요.
왜 우리는 못할까
저출산 대책 중에
눈이 번쩍 띄는
어린이 천국!

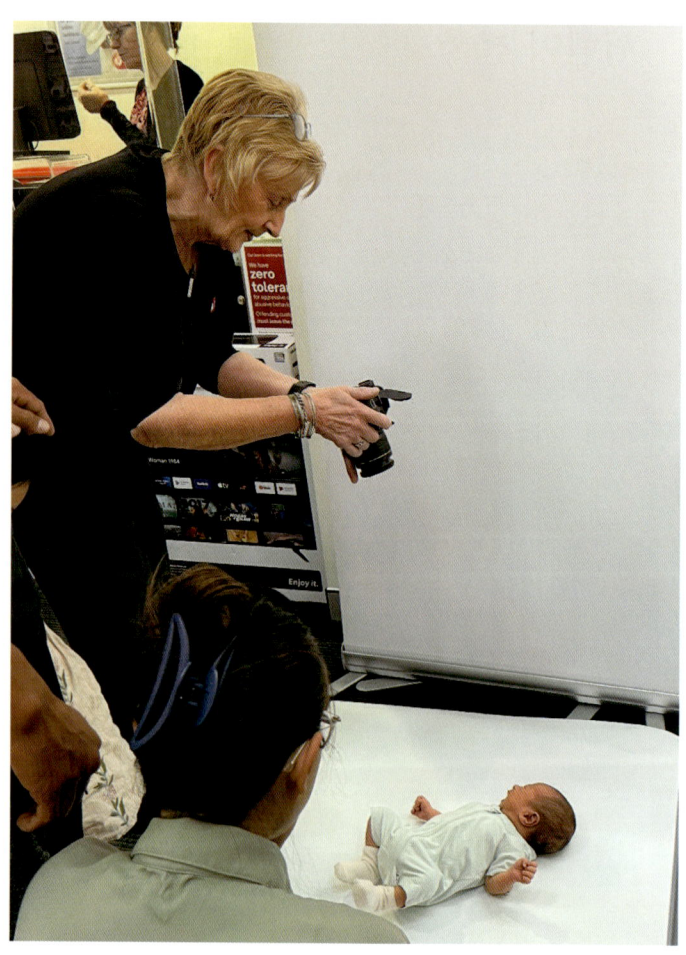

어린이 배려

배려,
보았노라!
기뻤노라!
아기가 곧 국력이란 걸
알았노라!

가로수

오천년 대한의 역사에서
우람한 가로수는 몇 그루가
있을까
이런저런 생각에
하
부러우면 지는 것인 줄 알건마는

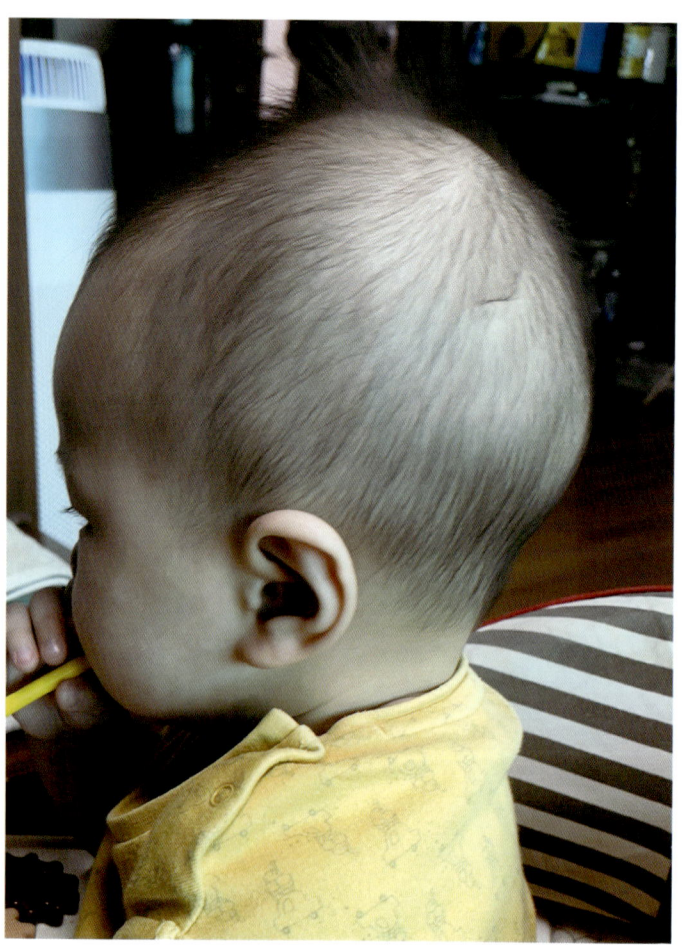

손자의 머리통

하이얀 보물통 속
천만냥보다 더 귀한 것
꽉 꽉 들어차려고
저리 둥글고 크기도
하겠지

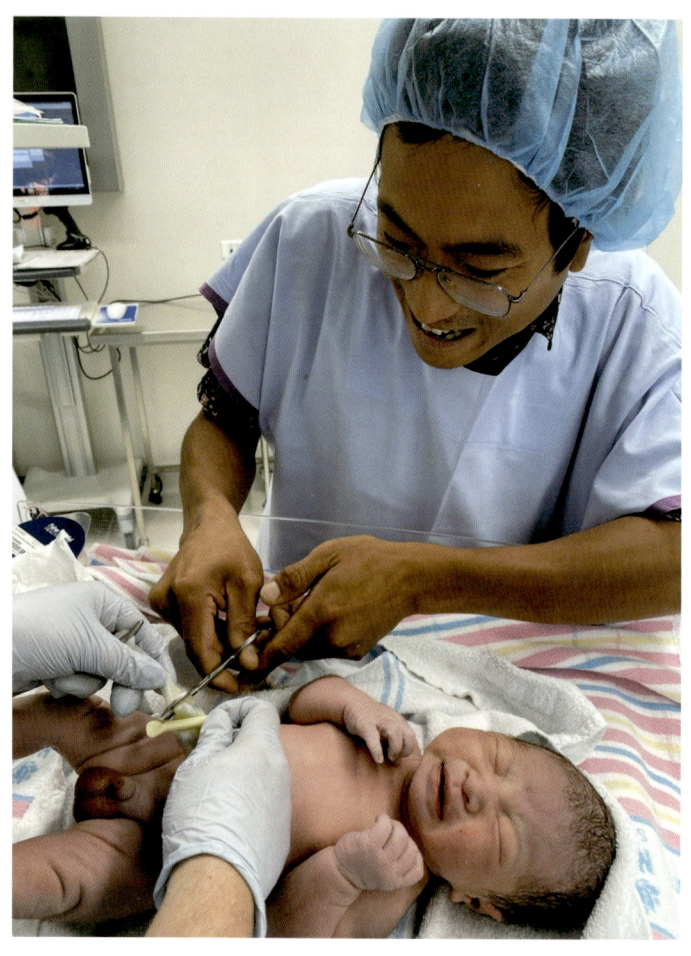

아들의 부정父情
메이트랜드 국립병원 산부인과에서 지태의 출생을 돕는 아빠

아들의 부정

내 아들의 탯줄은
내가 책임진다

웃음과 두려움에
가위 든 손이
파르르 떨린다

손녀 하이, 패션모델 포스

미래의 발레리나

멋진 포즈 하이야

지금처럼

이쁘게만 자라다오

미래의 멋진 발레리나!

하이네 가족

하이네 가족

아,
이리도 기쁜데 어찌하여
슬픔이 와락 다가오는지
아기들이 훌쩍 자라
청년이 됐을 때
우리는 어디에서
손자 손녀를 와락 안아 보려나
우리가 아비를 이리도 멋지게 키웠을까
가슴이 먹먹하다

손주들과 함께, 손녀 손자를 안고 즐거워하는 필자 부부

단란한 가정

손주들을 품에 안고 보니
기뻐도 눈물이 나는 이유를
알 것 같다

훗날 이 아이들이 다 자라면
품에서 떠나겠지

| 추천사 |

　유인숙 수필가는 세속의 나이로 팔순을 넘겼지만, 나이와 관계없이 청년이다. 새로 태어날 손자를 만나러 호주에 다녀와서 《여행은 교육이다》라는 수필집을 상재할 정도로 몸도 마음도 청년이다.

> "패키지여행과는 달리 가족을 만나고, 새로 태어날 손자를 만나러 간다는 기대와 흥분도 있었다. 약 3개월을 체류하면서 막내아들 가족과 더욱 깊은 정과 사랑으로 돈독해졌다. …(중략)… 체류 기간이 좀 길어서인지 그 나라의 일부분이지만 많은 것을 보고 듣고 배우고 왔다. 한국보다 오래된 선진국이라서 그런지 국민의 의식 수준이 여유롭고 평화롭게 보였다."

　우리는 흔히 여행을 인생에 비유한다. 인생이 모험이듯 여행도 모험이기 때문에 그렇게 비유하는지 모른다. 세상의 모든 일과 마찬가지로 여행에도 시작과 끝이 있다. 미지의 세계로 여행을 가면 새로운 문화에 눈을 뜨고, 평소에 우리가 갖고 있는 선입견이나 편견에서 벗어날 수 있다. 인생과 여행이 서로 연관성을 지니고 있다는 반증이다. 여행을 통해 더욱 풍요롭고 여유 있는 삶을 누릴 수 있다. 외국에 살고 있는 아들을 만나러 가는 여행은 특히 더 큰 설렘으로 다가올 것이다.

호주에 가서 깨끗한 자연환경에 놀랐고, 선진국의 높은 의식을 배웠고, 어린이를 대하는 모습, 재활용 처리 등 많은 것을 배웠다. 여행은 교육이라는 말이 저절로 나올 정도로 선진화된 문화를 접목해서, 귀국해서는 배운 대로 실천한다.

아무리 똑같은 장소를 찾아도 사람마다 다른 것을 보고, 느끼는 것처럼 유인술 수필가는 자신의 오롯한 여행을 기록으로 남기며 자손들에게 할아버지의 정신을 전해주고 싶어 한다. 우리는 타인이 들려주는 여행이야기에 많은 관심을 갖는다. 유인술 수필가의 《여행은 교육이다》에 벌써부터 호기심이 가득하다.

정종명 (소설가, 계간문예 발행인)

계간문예수필선 126

유인술 수필집 _ 여행은 교육이다

초판 인쇄 2024년 2월 25일
초판 발행 2024년 2월 29일

지 은 이 유인술
회   장 서정환
발 행 인 정종명
편집주간 차윤옥

펴 낸 곳 도서출판 **계간문예**
주   소 03132 서울 종로구 삼일대로 30길 21 종로오피스텔 1209호
전   화 (02) 3675-5633 팩스 (02) 766-4052
이 메 일 munin5633@naver.com
홈페이지 http://cafe.daum.net/quarterly2015
등   록 2005년 3월 9일 제300-2005-34호
연 락 처 03132 서울 종로구 삼일대로 32길 36 운현신화타워 305호
인   쇄 54991 전북 전주시 완산구 공북1길 16, 신아출판사
ISBN 978-89-6554-289-6
ISBN 978-89-6554-133-2 (세트)

값 13,000원

잘못 만들어진 책은 바꾸어 드립니다.
저자와 협의하여 인지를 생략합니다.